AF498306

NOTICE

D'UNE COLLECTION CHOISIE

D'ESTAMPES MODERNES,

TANT ANGLOISES QUE FRANÇOISES;

Montées en bordures dorées, ainsi qu'en Porte-feuilles.

Dont la vente se fera le Lundi 29 Mai 1780 & jours suivants, de relevée, à l'Hôtel d'Aligre, rue Saint Honoré, après le décès de M. PILLAVOINE.

Le tout est dans le meilleur ordre, & d'une parfaite conservation.

Cette Notice se distribue,

A PARIS,

Chez le sieur BASAN, rue & hôtel Serpente.
Et Me GUILLIEAUMON, Huissier-Priseur, quai de l'Ecole.

M. DCC. LXXX.

NOTICE

D'UNE SUPERBE COLLECTION

D'ESTAMPES MODERNES,

TANT ANGLOISES QUE FRANÇOISES.

ESTAMPES MONTÉES.

N°. 1 La Préfentation au Temple, par
Drevet.

2 Le Portrait de Pombal, par Beauvarlet.

3 La Mort du Général Wolff, en Amé-
rique, par Woollett.

4 Celle du Maréchal de Turenne, d'après
Palmiéri.

5 Monfeigneur le Comte d'Artois, & fa
fœur, par Beauvarlet: prem. épr. avant la
lettre.

6 La Confidence, par le même, auffi avant
la lettre.

7 L'Accordée de Village, d'après Greuze:
avant la lettre.

8 La Mere bien-aimée: idem.

A ij

9 La Dame Charitable, avant la lettre.
10 Le Gâteau des-Rois, idem.
11 Le Fils puni: cette pièce n'eſt pas encadrée.
12 Les Muſiciens ambulans, de Wille:
prem. épr.
13 Les Offres réciproques, idem: avant la
lettre.
14 Agar, idem.
15 Quatre Sujets de l'Amour & des Grâces, en rond, par Ryland, d'après Ang.
Kauffman.
16 La Ducheſſe de Richemond, colorée,
par les mêmes.
17 Lady Keppel, en pied, par Fiſcher, en
maniere noire: avant la lettre.
18 Héloïſe & Abélard, en maniere noire.
19 Le Confeſſeur, idem: avant la lettre.
20 Scene de Tragédie angloiſe, colorée,
par Green.
21 Lycurgue, par Deſmarteau: prem. épr.
22 Mutius Scévola, d'après Rubens.
23 Le Sacrifice de Callyrhoé, d'après Fragonard.
24 Le Silence, & l'Enfant gâté de Greuze:
avant la lettre.
25 La Cruche caſſée, d'après le même.
26 La Revue au trou d'Enfer, par le Bas.
27 Le Feſtin eſpagnol, de l'Empereur:
avant la lettre.
28 Le jeune Pyrrhus aux pieds de Glaucias,
par le Vaſſeur: avant la lettre.

29 Deux Payfages , d'après Smith , par
Woollett & Elliott.

30 Les Grâces , d'après Rubens , par P. de
Jode.

31 L'Amour maternel, par Chevillet : avant
la lettre.

32 Le Repos de la Vierge , par Wille ,
& le Portrait de cet Artifte célebre , avant
la lettre.

33 Trois Pièces, l'Embarquement & Dé-
barquement des vivres; d'après Berghem ,
&c. avant la lettre.

34 Trente-fix petits Sujets des Métamor-
phofes d'Ovide , & autres.

35 Six Pièces colorées, par Bonnet ; la Lai-
tiere ; &c.

36 Deux, la Boutique d'un Epicier , &
pendant, auffi colorés.

37 Diverfes Eftampes encadrées; qui feront
divifées.

38 Trente Cadres dorés & noirs de diffé-
rentes grandeurs, qui feront auffi divifés.

ESTAMPES EN FEUILLES.

39 Vénus & Adonis , par Strange; & Cu-
pidon , par le même.

40 William Penns traitant avec les Indiens.

40 *bis.* Départ d'Abraham , par Bartolozzi,
avant la lettre.

A iij

41 Clytie, d'après le Carrache, par le même, aussi avant la lettre.

42 Cicéron, & la Solitude, idem, avant la lettre.

43 Sacrifice à Pan, d'après André Sacchi; & un Port d'Angleterre par Woollett.

44 Timon d'Athenes, d'après West, par Hall.

45 Pylade & Oreste.

46 Macbeth, par Woollett.

Quatre sujets de Chasses, par le même.

47 Douze Vues de Jardins d'Angleterre, par Woollett & autres habiles Graveurs.

48 Diane & Actéon, d'après Ph. Lauri, par Woollett.

La Pêche, ou The Fischery, par le même.

Deux Paysages, l'Hyver, & les Cueilleurs de pommes, idem.

49 Quatre Paysages de forme ronde, d'après Loutherbourg : Laurette, Bergere des Alpes, &c.

50 Trois sujets en travers en rouge, par Ryland, &c. Thélémaque, &c. dont deux font avant la lettre.

Deux, Charité & Vierge, sujets en rond, par Bartholozzi, idem, & avant la lettre.

51 Les quatre Vertus, par Scorodomooff, aussi en rouge.

52 Deux, Sainte Cécile, & les Filles du Guerchin, par Bartolozzi.

Trois sujets ovales, Patience, Persévérance, & Cléopâtre au Tombeau d'Antoine, toutes trois avant la lettre.

53 Le Sacrifice à Priape, par Ryland, avant la lettre.

54 Quatre sujets idem, avec la lettre; Triomphe de l'Amour, &c.

55 Quatre autres, idem, dont le Jugement de Paris, &c.

56 Deux, Femme Turque, & celle au Vase, colorées, par Ryland.

57 La Madeleine aux pieds de Notre-Seigneur, en manière noire : avant la lettre.

58 Le Repas de Balthazar, idem : avant la lettre.

59 La Maladie d'Antiochus, idem : avant la lettre.

60 Le Marquis de Lothian à cheval, avant la lettre.

61 Deux, Guliver dans l'Isle des Chevaux, & une Marine, toutes deux avant la lettre.

62 La Forge, sujet en hauteur d'un grand effet : avant la lettre.

63 Autre forge, en travers, aussi en manière noire : avec la lettre.

64 Sacrifice aux Grâces, par Lady Bembury, idem en maniere noire.

65 La Famille de Rubens en pied, par M. Ardell : avant la lettre.

66 La Famille du Roi d'Angleterre, grande pièce en travers, par Earlom.

67 La Reine d'Angleterre avec une de ses filles.

68 Autre sujet de six enfans de la même Famille: avant la lettre, par Gréen.

69 La Mort d'Epaminondas & son pendant, grands sujets en hauteur, en manière noire.

70 Deux sujets en travers, de Gibier, Fruits, &c. d'après Sneyders, aussi en manière noire.

71 Deux Femmes assises auprès d'un tombeau, & un Paysage, d'après Hohéma.

72 Un Paysage avec sujet de Tragédie angloise, d'après Loutherbourg, & trois petites Pièces, aussi en maniere noire, dont la Comtesse de Jersey, &c. par Watson.

73 Sainte Cécile touchant l'orgue, par Dickynson.

ESTAMPES EN FEUILLES.

74 La Prédication de Saint Jean dans le désert ; grande pièce d'après Bloemaert.

75 La Vue de Saint Pétersbourg, avant la lettre, par le Bas.

76 Le Retour à la Ferme, d'après Berghem, idem : avant la lettre.

77 Deux, le Port de Gênes, & Rachat de l'Esclave, par Aliamet, d'après le même : aussi avant la lettre.

78 Le Jardin d'Amour, d'après Rubens, avant la lettre, par l'Empereur.

79 La Précaution inutile, d'après le Prince, par Helman : avant la lettre.

80 La Nappe d'eau, d'après le même, par Godefroy : idem avant la lettre.

81 La bonne Mere, d'après Fragonard, par Delaunay : idem.

82 Un Clair de Lune, d'après Vernet, par Flipart.

83 Deux Chasses, par le même : prem. ép. avant l'adresse.

84 Deux, Diane & Actéon, & Proserpine enlevée, avant la lettre, par le Vasseur.

85 Le Plaisir des Satyres, du même : aussi avant la lettre.

86 Deux, par Danzel, d'après Boucher & Dumont le Romain ; Neptune & Amymone, &c.

87 Trois, les Amans curieux, & pendant, d'après Aubry ; & l'heureuse Nouvelle, idem, avant la lettre, par Simonet, &c.

88 La Marche de Silene, par Delaunay ; & la Famille du Duc de Chartres, par Helman, avant la lettre.

89 Deux, le Marchand de Lunettes, & son pendant, d'après le Prince, par le même ; aussi avant la lettre.

90 La Chasse au Crocodile, par Molès, avant la lettre, & l'Offrande à l'Amour, de Greuze, par Macret : idem.

91 La Vertu chancelante, du même, par

Maffard ; & la Fille confufe , par Ingouf :
auffi avant la lettre.

92 Les Œufs caffés, idem, par Moitte :
avant la lettre.

93 Agar renvoyée, de Porporati : avant la
lettre.

94 La Confidence, d'après Vanloo, par
Beauvarlet : idem.

95 La Marchande d'Amours, d'après Vien :
idem, avant la lettre.

96 Antiope endormie, d'après le Pouffin ;
avant la lettre : & Etéocle, Roi de The-
bes, par Martinafie.

97 Le Marché aux Herbes, par le Bas.

98 Deux, la Mere indulgente, & pendant,
par l'Empereur, d'après Wille : avant la
lettre.

99 Deux, le Chemin de la Fortune, & le
Billet doux, par Delaunay, &c. avant la
lettre.

100 Madame de Bellegarde aux pieds de
la Reine, par Duclos : avant la lettre.

101 Agar préfentée à Abraham, de Wille :
avant la lettre.

102 La Mort de M. Antoine, du même : auffi
avant la lettre.

103 La même Eftampe, double.

104 Trois Pièces avant la lettre, par Den-
nel, d'après Lagrenée, dont Pygmalion,
&c.

105 Deux Sujets de Mars allant à la guer-
re, d'après Rubens, par Avril.

106 La Vue de Gueldres, d'après Ruyfdaal, par le Bas, avant la lettre.

107 Deux; Fanal exaucé, & pendant, par
Aliamet, d'après Vernet.

108 Deux, la Tempête & le Calme, par
Balechou.

109 Les Baigneufes, idem.

110 Trois, l'Aqueduc italien, d'après Vernet, par le Veau ; & deux Payfages, par
le Bas, d'après Ruyfdaal, & Pynacker :
toutes trois avant la lettre.

111 Deux, Achilles, & Bataille, d'après
Teniers & Vouvermans, par le Bas, auffi
avant la lettre.

112 Six, d'après Teniers, par le même,
auffi avant la lettre : lendemain de Noce,
Marché conclu, &c.

113 Deux, la Dame de Charité, & pendant, avant la lettre, d'après Eïfen, par
Voyès, &c. & deux autres, d'après Greuze, Pleureufe & Boudeufe.

114 Deux, Matin, & Soir, d'après Bau-
douin, par de Ghendt : avant la lettre.

115 Deux, le Bonheur du ménage, &
pendant, par Delaunay.

116 Trois, par Saint-Aubin, dont Léda,
avant la lettre ; la Marquife de * * *, &
pendant.

117 Les quatorze petits Ports de mer de
France, par Gouaz, d'après Ozanne ; des
prem. épr.

118 Trois, par Janinet, en couleurs;
Henri IV, l'Amour & la Folie.
119 Deux, les Moiffonneurs, & pendant,
par le même; prem. épr.
120 Une Vue de Paris, colorée, par Ze-
chender.
121 Un Deffin par Dagotti, à l'encre de
la Chine, repréfentant un trait de bien-
faifance de la Reine à Fontaineblëau.
122 Plufieurs Eftampes qui feront divifées.

---

123 Deux Ruines, d'après Robert, par Janinet, avant la lettre, ajuftées à la hol-
landoife.
124 Huit pièces au lavis & en couleurs par
Janinet & Charpentier, dont une Def-
cente de Croix, d'après Vanloo, &c.
125 Vénus, & Adonis, de Strange, avant
la lettre.
126 La Toilette de Vénus: prem. épr. du
même.
127 Vénus couchée, idem : avant la lettre.
128 Deux, Vénus, & Danaé: idem, pr.
épr.
129 Deux, la Juftice, & pendant; avant la
lettre.
130 Deux, Saint Jérôme & Sainte Cécile,
ditto : avant la lettre.
131 Trois, Magdeleine, Cléopâtre & Fortune ; avant la lettre.

132 Cinq , Sainte Agnès , Enfants de Charles I ; Laomédon , &c. prem. épr.

133 Deux, César & Romulus ; prem. épr. fur papier des Indes.

134 Les Coufeufes, par Beauvarlet : avant la lettre.

135 La Lecture Efpagnole, idem : premiere épreuve.

136 Le Bourguemeftre, idem : avant la lettre : & le Jeu de Boule d'Oftade, auffi avant la lettre.

137 M. le Comte d'Artois , enfant , jouant avec une chevre ; première épreuve.

138 Le Jugement de Pâris & l'Enlévement d'Europe, par le même, avant la lettre.
L'Enlévement des Sabines , idem , prem. épr.

139 Le Gefte Napolitain de Greuze , avant la lettre.

140 Le Pere de Famille lifant la Bible, pr. épr.

141 Les Adieux d'Hector , & la Maladie d'Antiochus , par le Vaffeur , avant la lettre.

142 Le Coucher de la Mariée de Baudoin, avant la lettre.

143 Les Fruits de l'amour fecret , idem : avant la lettre.
L'Hommage à l'Amour, & la Fille confufe de Greuze, avant la lettre.

144 Trois pièces, dont la Devideufe, par Wille, prem. épreuve.

145 Quatre pieces, Ménagere Hollandoise, &c.

146 Trois idem, Joueur d'Inſtrument, & bonne femme de Normandie.

147 Deux, Repos de la Vierge, avec & avant la lettre, idem, de Wille.

148 La Nuit, du Correge, par Surugue; prem. épr. avec une épr. de l'eau-forte.

149 Deux, le Médecin aux urines, d'après Netſcher; & une ſainte Famille, d'après Joſ. Creſpy, par Kilian, &c. toutes deux avant la lettre.

150 L'effet du Feu, d'après Rubens, par Boëce; prem. épr. de la Galerie de Dreſde.

151 Huit Payſages & Marines, d'aptès Vernet, dont la plupart avant la lettre.

152 Six autres idem.

153 Douze Pièces du Cabinet de M. le Duc de Choiſeul, des prem. épr. dont la Vierge de Rouſſeau, avant la lettre.

154 Douze autres du Cabinet de M. le Duc de Praſlin, auſſi avant la lettre, par le Bas.

155 Huit petits Sujets, d'après Eiſen, gravés par Longueil, avant la lettre; Amuſemens champêtres, &c.

156 Cent Pièces diverſes gravées à l'eau-forte, par M. Watelet, d'après différens Maîtres.

157 Céix & Alcyone, par Woollett; avant la lettre.

158 La même Eſtampe, avec la lettre ; pr.
épr.

159 Saint François de Paule, par Marc
Ardell, en maniere noire, avant la lettre.
La même eſtampe avec la lettre.

160 Une ſainte Famille, d'après le Parme-
ſan, auſſi en manière noire, avant la
lettre.

161 L'Hermite, grand ſujet en hauteur par
Pether, avant la lettre, en manière noire.

163 Léda debout, idem, par Gréen, avant
la lettre.

163 Le Pot de fleurs, d'après van Huy-
ſum, par Earlom, avant la lettre.

164 La même Eſtampe, prem. épr. ſur papier des Indes avec la lettre.

165 Suſanne au bain, de Porporati, prem.
épr. avant ſa réception à l'Académie ; elle
eſt bien encadrée.

166 La Mort d'Abel, du même, avant la
lettre, auſſi encadrée.

* 167 Agar renvoyée, idem, avant la lettre,
encadrée.

168 Sainte Geneviève de Balechou, prem.
épr. avec les rayes ſur l'écriture, auſſi
encadrée.

169 M. de Saint Florentin, par Wille.

170 Une Eſtampe d'après Diétricy, d'un
bel effet, gravée dans la maniere de Rem-

brandt, par Norblin, repréſentant Alexan-
dre chez Appelles.

171 Divers autres Eſtampes encadrés gravées par Cars, & autres, leſquelles feront
diviſées.

172 Un Portefeuille de diverſes Eſtampes
en feuilles, qui fera diviſé.

F I N.

Lû & approuvé ce 24 Mai 1780. RENOU,
pour M. COCHIN.

Vu l'Approbation, permis d'imprimer, ce 26 Mai
1780. LE NOIR.

De l'Imprimerie de PRAULT, Imprimeur
du Roi, Quai de Gêvres.